IDEAS DE PROYECTOS CON SENSIBILIDAD SOCIAL

SOLUCIONES PARA AYUDAR A LIMPIAR AL PLANETA Y AUMENTAR EL NIVEL SOCIO ECONOMICO DE LA POBLACION.

ESCRITO POR: ABEDIS BELDEN

INTRODUCCIÓN

Seré enfático.. El mundo presenta actualmente un panorama sombrío y, por decirlo de alguna manera, complicado. Trataré de centrarme en los temas del medio ambiente y de la calidad de vida de muchas personas que compartimos este mundo. Dejare sin consideración (no porque sean menos importantes. Sólo que no son el objetivo de este libro) aquellos otros graves problemas como las guerras y los conflictos raciales y étnicos.

Ahora bien, ya entrando en el tema que nos ocupa, estamos de acuerdo cuando consideramos que el medio ambiente se encuentra en peligro por diversas amenazas que ponen en riesgo no solo a los ecosistemas, sino a todos los seres humanos. Conocer los problemas ambientales es el primer paso para concienciarnos de su importancia y reclamar y participar en acciones para la protección y recuperación de la naturaleza. Enumeramos los temas de la problemática más actual y los que nos generan mayor inquietud y preocupación mundial.

- **. Contaminación ambiental**

  La contaminación ambiental provoca impactos negativos en los ecosistemas y diversas enfermedades, alteraciones y la reducción de la esperanza de vida en millones de personas en todo el mundo. Los agentes contaminantes son muy diversos y cada vez causan más problemas de salud, incluso antes de nacer. Así lo señalan desde grupos de investigación a organismos internacionales como la **Organización Mundial de la Salud (OMS).**

- **. Deforestación**

  La destrucción de los bosques, o deforestación, ha disminuido a nivel global en los últimos años, pero continúa a un ritmo "alarmante" en muchos países, en especial en Sudamérica y África, según la FAO **(Organización de las Naciones Unidas para la Agricultura y la Alimentación).** La agricultura insostenible o la explotación maderera intensiva son sus principales causas.

- **. Degradación del suelo**

Las actividades humanas provocan fenómenos graves de degradación del suelo. Entre ellos cabe destacar la erosión, un problema que, según los expertos, se está acelerando en todos los continentes y cada año causa una pérdida de entre 5 y 7 millones de hectáreas de tierras cultivables. En España, y en muchas otras parte de Europa y Suramérica, amenazas tan diversas como la agricultura intensiva, la construcción o la contaminación han supuesto que su situación sea mala o deplorable en general.

- **Escasez de agua potable y contaminación con químicos y plásticos de las aguas marinas.**

El agua, el acceso a ella en unas mínimas condiciones de calidad y su escasez, son cada vez más preocupantes. Algunos expertos hablan incluso de que el agua será el elemento más valioso del siglo XXI y principal causa de guerras y conflictos. Naciones Unidas declaraba 2013 como Año Internacional de la Cooperación en la Esfera del Agua para concienciar sobre la trascendencia de proteger y garantizar este recurso natural.

Existe un gran acumulación de desechos plásticos en el océano Pacifico, con una dimensión de miles de hectáreas, que conforman un gran peligro para el ecosistema marina de esa zona, asi como obstaculiza y dificulta la navegación por esa ruta.

- **. Extinción de especies y pérdida de biodiversidad**

Los científicos alertan desde hace años acerca del aumento de las especies en peligro de extinción y la pérdida de biodiversidad. Así lo dejan en evidencia. trabajos como la Lista Roja de la Unión Mundial para la Naturaleza (UICN). **Nick Nuttall**, portavoz del Programa de Naciones Unidas para el Medio Ambiente (PNUMA), asegura que "somos testigos de una sexta extinción impulsada por los seres humanos". La pérdida de biodiversidad no solo causa daños en el medio ambiente, sino en la economía, como recalca el estudio "The Economics of Ecosystems and Biodiversity (TEEB)".

· . Invasión y tráfico ilegal de especies

Las especies invasoras, la introducción de seres vivos desde fuera de su área de distribución natural, representa, según la UICN, la segunda causa de amenaza a la biodiversidad, tras la destrucción de los hábitats naturales y propios. El número de especies introducidas se ha incrementado de forma notable a nivel global en los últimos decenios. Por su parte, el contrabando de especies pone en peligro la supervivencia de cientos de especies amenazadas en todo el mundo y los ecosistemas de donde son arrebatadas.

· . Sobrepesca

El 60% de las especies comerciales más importantes del mundo están sobreexplotadas o agotadas, y solo el 25% de los recursos pesqueros actuales se consideran constantes. La sobrepesca, que afecta tanto a grandes mares y océanos como a ríos, pone en peligro la supervivencia de los recursos marinos y, por ello, la disponibilidad de una importante fuente de alimento para la población mundial. La Unión Europea ha reformado su Política Pesquera Común para proteger el medio marino mediante la pesca sostenible.

· . Niveles de consumo de Energía muy elevados

El consumo cada vez más elevado de energía a nivel mundial y la continuidad en el uso de los combustibles fósiles, generan diversos impactos ambientales y resultan preocupantes para el desarrollo humano de las próximas décadas. El uso de energías renovables y el aumento de la eficiencia energética son algunas de las soluciones para combatir este problema.

• **Residuos**

La generación mundial de basura en las ciudades será el doble que la actual en 2025 y más del triple en 2100. Así lo señala un estudio en la revista Nature, que afirma que la basura (de cualquier tipo), es el contaminante ambiental que se produce a mayor velocidad. Si los residuos no se tratan de forma adecuada, en especial los peligrosos, pueden provocar daños muy diversos en el medio ambiente, e incluso, en los seres humanos. El reciclaje, además de paliar este problema, evita el uso de nuevas materias primas y reduce así el impacto ambiental.

Analizando esta panorámica sombría, he confeccionado una serie de ideas que he elaborado y transformado en PROYECTOS (realmente serian ante proyectos), para tratar de contribuir, en forma personal, con algunas soluciones que puedan tener la factibilidad de llegar a ser concretadas por cualquier ente, institución o gobierno que se motive realmente a ello. Comparto estas ideas con cualquiera que desee llevarlas a cabo.

Con humildad, entrego estas ideas a la conciencia planetaria, con el único propósito de ayudar de manera desinteresada a tratar de detener el deterioro del planeta mismo, incluyendo en estas ideas al ser humano y su estadía en esta gran aldea mundial.
En algunos pasajes de esta tormenta de ideas, me expresaré en plural. Formo parte de un grupo multidisciplinario que conforman hermanos, familiares directos y amigos entrañables. He sido honrado para exponer las ideas de este, nuestro grupo, y somos en este grupo, quienes abrigamos sinceramente la esperanza de tener un mundo mejor y más humano, amén de querer dejar, a las generaciones venideras, un legado de armonía, bienestar y esperanza de un futuro mejor.

Respiramos aires de cambios en la estructura política, económica, militar y educativa en el planeta. Los paradigmas antiguos o anteriores, están a punto de cambiar, y con ellos, debemos cambiar nosotros para crear y establecer la armonía y recuperar nuestro futuro como raza de semillas planetarias. Bien vale la pena intentarlo, aunque se pueda pensar que tales ideas no son factibles o poco realizables.

Si este esfuerzo logra que alguien o algunos se interesen en estas ideas, de seguro redundará en el bienestar de todos y cada uno de nosotros en este planeta. Es lo que verdad esperamos.

El Autor.

CAPITULO I PURIFICACION DE AGUAS USANDO NANOTECNOLGIA PARA SER ENVASADA EN RECIPIENTES CONFECCIONADOS A BASE DE ALGAS MARINAS

PROBLEMÁTICA QUE CUBRE

Suministro de agua potable a la población con difícil acceso a ella y eliminación de desechos sólidos de los envases o contenedores.

OBJETIVO GENERAL

Construcción de plantas de tratamiento y potabilización de aguas residuales o servidas, para ser envasadas en contenedores a base de algas marinas, con la posibilidad de entregar estos envases a las poblaciones o personas con difícil acceso a ellas. Estos contenedores son comestibles y contienen un alto contenido de colágeno, por lo que al no ser desechados, no generan contaminación.

En la potabilización, se usara tecnología de nanobiodigestores y afines.

se proyecta construir 1 planta potabilizadora por cada zona geográfica del país o estado donde se quiera desarrollar esta idea... se estima QUE SE NECESITAN unos fondos aproximados de _**US $ 1.200.000.00**_ dólares (un millón doscientos mil dólares americanos exactos).

MOTIVACION

ESTAS FRASES NO SON NUESTRAS, PERO REFLEJAN COMPLETAMENTE EL GEN MOTIVADOR DE ESTA IDEA.

¨En un momento dado de nuestra historia, dejamos de utilizar la arcilla y el vidrio para fabricar contenedores, y nos volcamos con el plástico. Aunque el cambio del botijo a la botella fue todo un avance para la humanidad, no sentó demasiado bien al planeta. La **contaminación de las botellas PLÁSTICAS** se está saliendo de control. Por eso se ha creado **Ooho!**, una **esfera rellena de agua** fabricada con algas, que podemos comernos. La expresión "Contaminación 0" adquiere así un resultado completamente literal.

Lo ha hecho **Skipping Rocks Lab** utilizando un cloruro de calcio y otros químicos con base de sodio que se encuentran en las algas. Todo esto puede sonar extraño, caro y lleno de elementos extraños y tóxicos, cuando en realidad es algo mucho más sencillo, menos contaminante y sobre todo, absurdamente barato. El precio de fabricar cada cápsula ronda los **0.008 euros**, con lo que es mucho más barato que el plástico. De hecho, ya están trabajando en contenedores para estas **esferas de agua**. El que mejor resultado les está dando hasta el momento tiene la forma aproximada de una naranja, sustituyendo los gajos de la fruta por estos mini-contenedores."

En virtud de todo lo anteriormente expresado, es importante destacar que se reciclarían las aguas servidas y por lo tanto, el contenido solido del agua puede ser usado como fertilizante orgánico, se consumen los envases y no se desechan. En resumen, alimentos, agua potable, no contaminación, a precios accesibles o inexistentes para todos.

CAPITULO II RECICLAJE DE DESECHOS SÓLIDOS (METALES, PLÁSTICOS, MADERA Y CARTÓN, VIDRIO, NEUMÁTICOS, ORGÁNICOS)

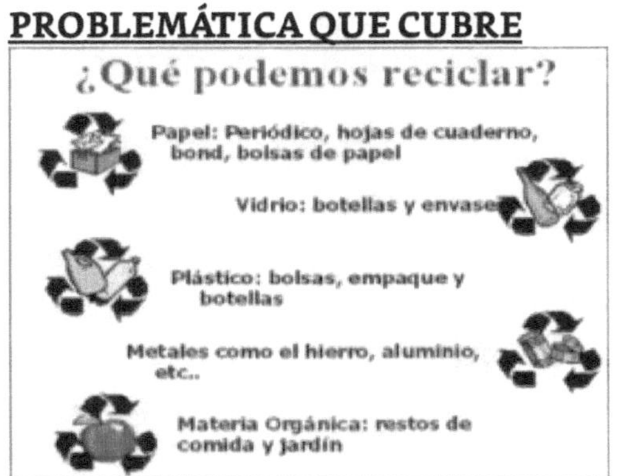

Eliminación de la contaminación producida por la acumulación desmedida de desechos sólidos en la medida de lo posible. Llantas o neumáticos para tener elementos y cementos para calzadas y carreteras. Metales como por ejemplo, recuperar los filtros de aceite de los vehículos y el aceite residual en ellos. Madera para obtención de celulosa, creación de cerillos, etc. Vidrio para reciclar y crear vasos, contenedores, arte, etc. Orgánicos como comidas y otros similares, para procesar y obtener alimentos para el ganado y animales domésticos. Plásticos y derivados poliméricos.

OBJETIVO GENERAL

Construcción de plantas de tratamiento y almacenaje de desechos sólidos, para eliminar la mayor cantidad de contaminantes posibles del medio ambiente y darle un uso adecuado y de mayor utilidad.
Se proyecta construir 1 planta o establecimiento de reciclaje por cada zona geográfica del país o estado donde se quiera desarrollar esta idea... se estima necesitar unos fondos aproximados de **900.000.00** dólares (novecientos mil dólares americanos exactos), para construcción y dotación de cada planta de reciclaje

MOTIVACION

Hemos visto con alta preocupación como crece el volumen de desperdicios sólidos en nuestras sociedades y medio ambiente sin que haya mucha gente o instituciones comprometidas para su correcto o eficiente manejo, y como nuestro planeta se ha llenado literalmente de basura y desperdicios de toda naturaleza, nuestras aguas, ríos y mares tesan contaminadas con gran cantidad de desperdicios y desechos que irresponsablemente arrojamos a ellos.. Nadie hace nada al respecto. Nosotros entendemos el problema y aportamos un poco a la solución. Identificamos varias fuentes de contaminación y proponemos este desarrollo. Incluso sabemos que este es un proyecto que no tiene fronteras ni geografías específicas. Sirven las ideas para todo país o territorio. Se trata de ideas universales.

la comunidad en general seria el principal beneficiario de la descontaminación o aseo ambiental.. otros beneficiarios, serian algunas industrias que procesen las materias primas que se obtienen del procesamiento de tales desechos.

es importante destacar que, en la medida de lo posible, estaríamos limpiando y aseando el ambiente de nuestro planeta, haciendo un uso más adecuado y beneficioso de lo obtenido al procesar estos desechos. Ayudaríamos realmente a nuestro planeta.

CAPITULO III   HIDROPONIA: CULTIVOS ORGANICOS ACCESIBLES A GRAN PARTE DE LA POBLACION

PROBLEMÁTICA QUE CUBRE

SUMINISTRO DE ALIMENTOS ORGANICOS PARA LA POBLACION EN GENERAL

OBJETIVO GENERAL

Instalación de galpones para obtener un complejo agrícola de cultivos hidropónicos para especies vegetales aptas para el consumo humano, con acceso para todos en general. Los productos vegetales obtenidos serán vendidos directo a la población, sin intermediarios ni cadenas de reventa.. Los precios serán solidarios y se estimarán en función de cubrir los costos operacionales y algún beneficio para cubrir imprevistos... Existirá también la entrega de alimentos sin costo alguno a las personas que no puedan pagarlos. Se cultivarán productos vegetales con mayor contenido nutricional.

Se proyecta construir un complejo por cada área geográfica del país o nación. En cada complejo hidropónico, se construirán al menos 10 galpones de 5000 m2 cada uno. Se estima necesitar unos fondos aproximados de **US$ 600.000.00 dólares** (seiscientos mil dólares americanos exactos), para construcción y dotación de cada complejo.
.

MOTIVACION

Una de las motivaciones más grande radica en que al ser seres humanos con sensibilidad social, nos duele profundamente el estado de precariedad y de abandono en los cuales se encuentra la mayoría de las poblaciones de nuestro planeta, sobre todo en las zonas rurales y de difícil acceso o comunicación, amén de la ausencia o poca disponibilidad de alimentos naturales y orgánicos para su consumo. Prácticamente todas las zonas de cultivo o emprendimientos agrícolas, están contaminadas por químicos o fertilizantes y plaguicidas, y no es común que existan mercados o comercios que expendan u ofrezcan alimentos orgánicos, sobre todo de origen vegetal.

Todas las personas usuarias de este desarrollo agrícola con alta tecnología, obtendrán alimentos orgánicos y sanos para su alimentación, y en lo que respecta al tema económico, se podrán adquirir a mucho mejor precio que los que se obtienen en mercados o comercios que implican una red de reventa y comercialización sin escrúpulos.. Además de que los que se pueden adquirir en estos comercios y mercados, no son productos orgánicos en su mayoría.

Se establecerá una tarifa de precios solidaria para los productos ofrecidos, para cubrir costos de operación pero nunca como una función de lucro escandaloso o de generar utilidades groseras que atenten contra el principio de solidaridad de esta idea.

Es importante producir alimentos de calidad nutritiva, orgánicos, sin modificaciones genéticas o que atenten contra la salud de los que los consumen (incluidos los animales), que carezcan de venenos y químicos nocivos para la salud, que además estén al alcance de toda la población

.

CAPITULO IV
DESARROLLO DE URBANISMO CON CASAS ECOLOGICAS E INTELIGENTES

<u>PROBLEMÁTICA QUE CUBRE</u>

Las casas y edificios, por lo general, demandan un consumo grande de recursos tales como agua, energía, que en muchas ocasiones se despilfarran. Un mal aislamiento, sistemas precarios, ineficientes o inexistentes o tener encendidos aparatos sin necesidad, aumentan el gasto económico y el impacto en el medio ambiente. La solución para disminuir o evitar tales despilfarros, es la construcción de casas inteligentes y/o ecológicas. Por otro lado, gran parte de la población vive sin acceso a este tipo de vivienda y su calidad de vida es muy precaria y menesterosa. Este proyecto o idea urbanismo, además de brindar este tipo de vivienda, solucionaría la necesidad habitacional de una parte importante de la población que las necesita.

OBJETIVO GENERAL

Desarrollo de urbanismo con casas ecológicas en poblaciones con más de 60.000 habitantes, destinadas a la población de menos recursos. Cada urbanismo tendría unas 1000 casas y cumpliría ciertos parámetros o detalles de construcción, como por ejemplo, ubicación adecuada, integración en el entorno, diseño sostenible, correcta orientación, materiales ecológicos, optimización de recursos naturales y ahorro energético, gestión de residuos entre otros.

Se construiría un desarrollo urbanístico por cada ciudad mayor a 60.000 habitantes..Se estima necesitar unos fondos aproximados de 15.000.000.00 de dólares (quince millones de dólares americanos exactos), para la construcción y desarrollo de cada urbanismo. Serian unos 15.000,00 dólares por cada casa inteligente.

MOTIVACION

REVISEMOS LAS SIGUIENTES REFLEXIONES, QUE NOS SON NUESTRAS, SINO QUE NOS HACEMOS ECO DE ELLAS

A todos nos gustaría vivir en una casa lo más confortable posible, con las máximas comodidades y que nos diera poco trabajo a la hora de limpiarla y mantenerla; y si es una vivienda poco agresiva con el medio ambiente y con un bajo coste económico, mucho mejor.

Hay que considerar dos alternativas básicas a la hora de diseñar una vivienda.

La primera opción es la más sencilla y cómoda. Es la casa particular, autosuficiente y aislada de otras casas. Es el típico chalet o casa de campo aunque también puede situarse en el contexto urbano.

La segunda opción, al estar ubicada en un núcleo urbano, tiene que ajustarse a las características de la ciudad y tiene unas limitaciones de forma y espacio ya que debe acoplarse con otras viviendas similares en un diseño de una ciudad con unas determinadas peculiaridades. El caso más favorable sería la construcción de una ciudad futura a partir de un terreno virgen en donde este tipo de viviendas y el conjunto de la ciudad estén encaminadas hacia los mismos objetivos: viviendas y ciudad inteligentes, económicas y ecológicas

Estas reflexiones retratan nuestro propósito y propuesta. Casas inteligente y ecológicas que otorguen calidad de vida a sus habitantes y que sean amigables y respetuosas del medio ambiente.

Se podrían beneficiar al menos 1.000 familias en cada ciudad mayor de 60.000 habitantes. En total, serian beneficiados tal vez unos 5.000 habitantes, correspondientes mayormente a la clase desposeída y con difícil acceso a viviendas dignas.

Es importante destacar que, en la medida de lo posible, estaríamos desarrollando urbanismos inteligentes, con muy poco impacto ambiental y solucionando las necesidades de una parte de la población, la de menores recursos y posibilidades económicas.

CAPITULO V DESARROLLO DE COMUNIDADES Y/O CIUDADES AUTONOMAS

PROBLEMÁTICA QUE CUBRE

Cubriría la necesidad de viviendas y acceso a los servicios básicos de los estratos poblacionales mas necesitados, a saber las clases socioeconómicas D y E..

<u>OBJETIVO GENERAL</u>

Comunidades auto sostenibles con producción agrícola, pecuaria, manufactura y transformación de la materia prima, con sistema de energías alternativas, fuentes de agua de pozos profundos, servicios de salud, entretenimiento y bienestar social, apoyo tecnológico de sistemas amigables con el ambiente.

Se construiría una comunidad autónoma en cada región del país o de la nación o área geográfica escogida, con desarrollos programados en etapas.. Cada etapa, abarcaría al menos 5 comunidades autónomas.

Se estima necesitar unos fondos aproximados de **75.000.000,00** de dólares (setenta y cinco millones de dólares americanos exactos), para cada comunidad.

<u>MOTIVACION</u>

En primer término, si se construyen 2000 casas en estas comunidades autónomas, estaríamos construyendo soluciones habitacionales dignas y seguras, que otorguen una calidad de vida muy elevada respecto a los niveles actuales. Estas comunidades podrían albergar unas 120 mil personas, y un gran porcentaje de ellas estarían laborando en todas las aéreas de las comunidades creadas, que tendrían acceso a energías limpias, aguas limpias, alimentos orgánicos, disfrute de la naturaleza y pasatiempos sanos, asistencia social y de salud, básicas y de urgencia, amén de las actividades indirectas que establecerían las operaciones naturales de tales comunidades, y que implicarían la existencia de más personas que trabajarían en la funcionalidad de este desarrollo.

Es importante y añado imperativo, volver a las raíces de nuestra raza que era amigable con el medio ambiente y la naturaleza, disfrutando de su abundancia y generosidad y utilizando la sana tecnología (hay algunas que no lo son) para entregar calidad de vida y disfrute, amén de elevar de esta manera, la espiritualidad del ser humano.

CAPITULO VI
INSTITUTOS EDUCACIONALES EN ZONAS RURALES

PROBLEMÁTICA QUE CUBRE

Los alumnos de las escuelas rurales no solo están mas expuestos a situaciones de pobreza y a los efectos de los cambios climáticos, sino que reciben menor calidad de educación, salud, alimentación y formación laboral. Las escuelas rurales padecen de indiferencias con los mismos problemas de siempre: edificios deteriorados, falta de recursos económicos y materiales, escasa ayuda oficial, ausencia de tecnologías beneficiosas, y necesidades que es imperativo solucionar. La tarea del educador rural es ardua, porque muchas veces se realiza en un contexto de soledad, dependiendo de la ubicación geográfica de la escuelita y por la escasez de recursos económicos, tanto de la institución como la del alumnado que asiste.

<u>OBJETIVO GENERAL</u>

Creación de instituciones educativas de alta calidad de enseñanza en las zonas rurales, con apoyo de internet.. Teleeducación y otros afines.. Bibliotecas digitales.
 Dirigidos a zonas rurales y de gran necesidad educacional

<u>MOTIVACION</u>

Creación de un complejo educacional y cultural en las zonas rurales y de difícil acceso y comunicación. Se estima necesitar unos fondos aproximados de **1.500.000.00** dólares (un millón quinientos mil dólares americanos exactos), para construcción y desarrollo de cada instituto educativo.

Revisemos las siguientes reflexiones, que nos son nuestras, sino que nos hacemos eco de ellas.

¨La escuela rural es el ejemplo más deplorable respecto a la forma en que un sistema educativo concentra todos sus recursos en las zonas urbanas, y deja en desventaja a las zonas alejadas, con la única base de un pobre y mezquino criterio de asignación que da prioridad a las poblaciones grandes sobre las pequeñas.

La educación en sí misma, es un proceso social que debe surgir del aula escolar e invadir la comunidad en la que se encuentra la escuela. La escuela puede ser el centro de capacitación y desarrollo económico de las poblaciones que se encuentran aisladas por sus características geográficas.

Se propone, entonces, que las escuelas rurales sean dotadas de equipo de cómputo conectado al internet y a otras tecnologías derivadas de ellas. Estos institutos estarán al alcance y acceso de todos¨.

Estas reflexiones retratan nuestro propósito y propuesta.

Se podrían beneficiar todas las comunidades rurales de las áreas geográficas escogidas. Y fomentar el trabajo en grupos de colaboración entre las escuelas ya existentes y las nuevas instituciones En virtud de ello, estaríamos llevando educación, cultura y entretenimiento a zonas rurales de escaso poder económico y de alta pobreza y necesidad

CAPITULO VII CLINICAS Y FARMACIAS MOVILES

PROBLEMÁTICA QUE CUBRE

Asistencia médica básica, suministro de fármacos y atención de urgencias a las zonas más necesitadas y zonas rurales

OBJETIVO GENERAL

Creación de una red y sistema de camiones y vehículos diseñados y adaptados para dispensar, de manera enunciativa pero no limitativa, en zonas rurales y desatendidas, servicios de laboratorio de sicoanálisis, oftalmología, atención a emergencias, medicina interna, odontología, entrega de fármacos y medicinas, consultas medicas, cirugías menores y ambulatorias, asistencia a la infancia, etc. *Incluso, este servicio puede ser extendido para prestar ayuda veterinaria.*

Proyectamos diseñar una unidad móvil por municipio y/o parroquia del país o nación. Se estima necesitar unos fondos aproximados de **120.000.00** dólares (ciento veinte mil de dólares americanos exactos), para la adaptación y dotación de cada unidad móvil.

<u>MOTIVACION</u>

Todas las personas usuarias de este servicio dentro de las zonas rurales y desatendidas, tendrían acceso a los servicios médicos ofrecidos y a las medicinas, en mucho de los casos, sin costo alguno... Aquellas personas que puedan pagar por ello, pagarían cuanto puedan, sin que se establezca una tarifa básica o baremo para estos servicios. Para hacer de esta idea autosustentable en el tiempo, en las zonas urbanas o de mayor poder adquisitivo, se establecerá una tarifa solidaria por los servicios prestados, para cubrir costos de operación pero nunca como una función de lucro o de generar utilidades groseras y totalmente desproporcionadas.

Es imprescindible entregar servicios de atención y salud a los seres más necesitados de nuestro planeta, que tengan la posibilidad **REAL** de tener acceso a tales beneficios sin importar raza, color, condición social, etc. Y cuyos costos puedan ser pagados por todos. Sin embargo, aquellos que no puedan pagar, igual sean atendidos con la misma pasión, entrega, solidaridad y compromiso, devolviendo la dignidad y respetando la vida de los seres vivos, para entregar calidad de vida y disfrute, amén de elevar de esta manera, la espiritualidad del ser humano y del planeta en general.

CAPITULO VIII
CENTROS DE ATENCION PARA ENFERMOS CRONICOS, TERMINALES Y CON PATOLOGIAS ESPECIALES

PROBLEMÁTICA QUE CUBRE

Asistencia integral para personas diagnosticadas con enfermedades crónicas, terminales o patologías especiales que necesitan cuidados muy específicos y constantes.

OBJETIVO GENERAL

Creación de una especie de **spa** o centro hospitalario de atención para personas desahuciadas o enfermas crónicas, terminales o patologías especiales, dotados con todos los servicios adecuados para su tratamiento, con áreas recreacionales y de disfrute, como piscina, salas de audiovisuales, cominerías y bosques, recreación y deportes al aire libre, y con tratamientos específicos con nuevas tendencias y tecnologías en medicina oncológica y de sanación, utilizando, por ejemplo, tratamientos a base de canabidiol y otras medicinas con resultados similares, como por ejemplo, el tratamiento a partir del consumo de AGUA ISOTONICA, ideado por el sabio francés RENE QÜINTON..

Se incluyen en estos tratamientos masajes terapéuticos y asistencia psicológica y psiquiátrica.

Se crearía una fundación para administrar esta red de centros hospitalarios. Cada centro hospitalario estaría dotado de al menos 500 habitaciones. Se construirían cerca de corrientes de abundante agua y naturaleza viva (mares, playas, ríos, cascadas).

Estimamos construir un centro hospitalario por cada dependencia federal o región política del país o la nación. Se calcula necesitar unos fondos aproximados de **5.000.000.00** de dólares (cinco millones de dólares americanos exactos), para construcción y dotación de cada centro.

<u>MOTIVACION</u>

Todas las personas usuarias de este servicio obtendrán la atención y cuidados que tanto se merecen. Y lo más importante, se les brindara una esperanza de curación que puede ser efectiva en un porcentaje tan grande, que alimentaria esa esperanza. Tales personas tendrían acceso a los servicios médicos ofrecidos y a los beneficios del centro y a las medicinas, en mucho de los casos, sin costo alguno. Aquellas personas que puedan pagar por ello, pagaran cuanto puedan, sin que se establezca una tarifa básica o baremo para estos servicios. Para hacer de esta idea autosustentable en el tiempo, para las personas con mayores posibilidades de pago o de mayor poder adquisitivo, se establecerá una tarifa solidaria por los servicios prestados, para cubrir costos de operación pero nunca como una función de lucro o de generar utilidades groseras que atenten contra el principio de solidaridad de esta idea.

Es importante, y un acto de justicia humana, agregaría, entregar servicios de atención y salud a los seres más necesitados de nuestro planeta, con acceso a tales beneficios sin importar raza, color, condición social, etc., cuyos costos puedan ser pagados por todos, y aquellos que no puedan pagar, igual sean atendidos con la misma pasión, entrega, solidaridad, devolviendo la dignidad y respetando la vida de los seres vivos, para entregar calidad de vida y disfrute, amén de elevar de esta manera, la espiritualidad del ser humano y del planeta en general, en un claro ejemplo de servicios a otro (sto). En este caso en particular, entregar un poco de esperanza e ilusión a aquellas personas que fueron diagnosticadas con enfermedades crónicas y patologías terminales.

CAPITULO IX
SERVICIOS Y ASISTENCIA VIAL SOLIDARIOS

PROBLEMÁTICA QUE CUBRE

En muchos de los países de nuestro mundo, la prestación de servicios de asistencia vial es muy ineficiente, por no decir inexistente. Cuando un automóvil se accidenta, puede ser por múltiples razones.. Batería, llantas, correas múltiples, bujías, perdida de fluido de frenos, ruptura de un colector de fluido, falta de combustible o perdida del aceite de transmisión o motor, etc. Muchas personas se exponen en tales rutas, al quedar accidentadas por cualquier de estas razones (u otras). Y muchas personas van acompañadas de sus familiares, incluidos niños, adolescentes y personas de la tercera edad. Esto se convierte en una verdadera carga de angustia y temor para los que usan las vías de comunicación terrestres.. Nadie está exento de ello.

Por otra parte, se manifiesta igualmente un déficit de asistencia en primeros auxilios y asistencia médica en caso de accidentes que involucren lesionados o heridos.

OBJETIVO GENERAL

Creación de red nacional de grúas o camiones equipados para asistencia vial de cualquier índole o necesidad, incluida la de asistencia primaria o paramédicos, para atender casos de accidentes con heridos y lesionados. Es definitiva, no sería solo ayuda mecánica a los vehículos, sino un servicio integral que incluya a sus tripulantes. La prestación de tales servicios se apoyará en parámetros y funcionamiento solidario. La red es de carácter nacional, cubriendo todas las zonas geopolíticas y administrativas del país o la nación.. La red de asistencia vial laborará <u>24</u> horas diarias, en turnos de 8 horas cada uno. Significa, que cada vehículo será conducido por al menos 3 profesionales del volante. Cobros solidarios (incluso algunos sin cobros) que servirán para cubrir los gastos del vehículo así como el pago del trabajo de los conductores. En cada división geopolítica, existirá un taller propio administrado por la red, para realizar las reparaciones y servicios de mantenimiento de cada uno de los vehículos. Cada vehículo estará equipado con GPS para saber con exactitud la ubicación y en cada momento, monitoreará los parámetros de manejo de los conductores. Solicitudes del servicio pueden ser realizadas por teléfonos inteligentes y uso de la internet, y asistencia en las rutas.

Estimamos un costo promedio de **150.000,00** dólares (ciento cincuenta mil dólares exactos) por la adaptación y dotación de cada vehículo.

MOTIVACION

La motivación principal de nuestro equipo de trabajo es crear una red de operadores de servicios de asistencia vial, con todos los equipos, herramientas y repuestos necesarios para ayudar a los accidentados por cualquier razón en las vía y rutas de cada país o nación. Incluye servicios de calidad, eficiencia y seguridad las 24 horas del día. Los precios de los servicios pueden estimarse en una cantidad de servicios mínima al mes y se comparan con los gastos del mismo periodo, que incluyen los gastos de salarios y mantenimiento y reposición de inventarios del sistema. Esta relación se usa para obtener el precio de cada servicio. Si se realizan más servicios del estimado, ser crea una utilidad de gestión que se acumularía cuando fallen los estimados; es decir, se utilizaría este fondo como respaldo a contingencias o gastos no previstos.

Se podrían beneficiar todas las personas que transiten por las rutas y carreteras nacionales, es decir, el público en general, al acceder a servicios de asistencia vial, de calidad superior, a tarifas de orden de costo cero y tarifas altamente solidarias..

Con este desarrollo estaríamos elevando el nivel de vida de la población, amén de prestarle servicios de calidad en el área de transporte y comunicación terrestre, como asistencia vial en rutas nacionales.

CAPITULO X   RED INTERURBANA DE TAXIS SOLIDARIOS

PROBLEMÁTICA QUE CUBRE

En muchos de los países de nuestro mundo, el servicio de taxis es muy deficiente, impuntual y con muy poca ética.. Los taxistas cobran lo que les viene en gana, y si se trata de servicios interurbanos, los precios resultan ser exorbitantes y casi prohibitivos para el grueso de la población. La mayoría no esta afiliada a empresas o fundaciones serias ni profesionales. Y los conductores son poco gentiles y/o educados. Unidades destartaladas y poco adecuadas para operar el servicio.

OBJETIVO GENERAL

Creación y administración de una red nacional de taxis urbanos e interurbanos, con prestación de servicios con parámetros y funcionamiento solidarios, para cada población mayor de 35.000

habitantes. Cada vehículo laborará <u>catorce (14)</u> horas diarias, en turnos de 7 horas cada uno. Significa, que cada vehículo será conducido por al menos 2 profesionales del volante. De esas 7 horas por chofer, cuatro horas serán sin costo alguno para los usuarios (cualquiera) y las otras tres, cobros solidarios que servirán para cubrir los gastos de mantenimiento del vehículo, así como el pago del trabajo de los conductores. En cada población, existirá un taller propio de la red, para realizar las reparaciones y servicios de mantenimiento de cada uno de las unidades operadoras. Cada vehículo estará equipado con GPS para saber con exactitud y en cada momento, los parámetros de manejo de los conductores. Se establece en principio una relación de 1 vehículo por cada 1000 personas o habitantes. Solicitudes del servicio pueden ser realizadas por teléfonos inteligentes y uso de la internet.

Se dictarán charlas y clínicas de manejo y asistencia a los pasajeros para aquellas personas que soliciten el trabajo de conductores.

En cada país o nación, de deben contar cuantas poblaciones existen con al menos 35.000 habitantes. Estimamos que la red para cada población, estaría compuesta de 35 vehículos, los cuales serian 210 sedanes y 14 minibuses. Estimamos un costo promedio de **18.000,00** dólares por cada vehículo, con lo cual se espera invertir unos fondos aproximados de **630.000.00** dólares (seiscientos treinta mil dólares americanos exactos) por cada población seleccionada.

MOTIVACION

La motivación principal de nuestro equipo de trabajo es crear una red de taxis solidarios, eficientes, con profesionales respetuosos capaces y gentiles, para brindar un servicio de calidad y seguridad inexistente en los países o naciones que presenten esta problemática.. Cada usuario tendría acceso a servicios de transporte de calidad, incluso en emergencias familiares sea cual fuere, a costo cero en ciertas horas del servicio y a costos solidarios (sin fines de lucro) en otro periodo de tiempo.

Estas reflexiones retratan nuestro propósito y propuesta.

Trabajamos juntos porque somos hermanos y mantenemos nuestra intención de ayudar durante muchos años de vivir y sentir nuestra tierra. Incluso sabemos que este es un proyecto que no tiene fronteras ni geografías específicas. Sirven las ideas para todo país o territorio.

Se podrían beneficiar todas las personas que utilicen esta red de taxis, es decir, el público en general, al acceder a servicios de transportes confortables, de calidad superior a tarifas de orden de costo cero y tarifas altamente solidarias, con conductores responsables, serios, educados y realmente profesionales.

Con este desarrollo estaríamos elevando el nivel de vida de la población, amén de prestarle servicios de calidad y económicos en el área de transporte y comunicación terrestre.

CAPITULO XI AREAS DE DESCANSO PARA OPERADORES DE TRANSPORTE DE CARGA PESADA INTERURBANA

PROBLEMÁTICA QUE CUBRE

La economía de muchos países del globo, está basada en transporte de carga pesada por carreteras, las cuales, se encuentran deterioradas (la mayor parte de ellas) y en condiciones muy deficientes e inseguras. Algunas excepciones pueden ser hechas acá, tales como los países desarrollados y algunos en vías de desarrollo. Pero en general, esta idea sirve para cualquier planeta del mundo, sin importar el estado actual de sus vías terrestres, y que puedan contar con servicios de trenes. Los transportistas (empresas de logística y conductores), están muy aprehensivos respecto a las rutas a seguir y las cargas a movilizar. Cuando vives en la ciudad, estacionar su vehículo puede ser realmente sencillo; tienes desde lugares destinados a aparcamiento, y hasta la misma calle (en lugares permitidos). Sin embargo, cuando manejas camiones o carga pesad fuera de la ciudad, es bastante difícil encontrar un lugar para estacionar, lo que se convierte en una molestia para el conductor, creando indirectamente un problema para la empresa de logística. ¿qué es peor que un problema? Que este se mezcle con otro problema generando uno más grande. Al no haber tantos lugares de descanso o estacionamiento para camiones, el conductor debe seguir su camino hasta encontrar un lugar seguro donde poder abastecerse de nuevo y poder descansar. Mientras no lo encuentre, tendrá que seguir conduciendo, lo cual empeora el tema de las horas continuas de trabajo. A la larga, esto es un problema para la empresa de servicios logísticos ya que los conductores no querrán realizar rutas tan largas y terminaran por renunciar a la empresa, y eso generaría escasez de personal. Como puede observarse, todo es un círculo donde todo se conecta. La línea entre la salud y seguridad del conductor es muy delgada. Al conducir por tantas horas durante el día, es evidente que su salud se verá afectada tarde o temprano. No debe dejarse a un lado la buena alimentación y descanso físico, lo cual es fundamental para no empeorar la salud de los conductores.

OBJETIVO GENERAL

Construcción de áreas de descanso para transportistas de carga pesada, dotadas de áreas de comidas, abastecimiento de combustible y aceite, habitaciones confortables, primeros auxilios y asistencia médica, baños y duchas, seguridad perimetral, estacionamientos amplios y bahías para servicios de lavado y mantenimiento vehicular, salas de juegos y entretenimientos, wiki y teléfonos, televisión y comunicaciones por radio, etc..
Proyectamos áreas de descanso por cada entidad geopolítica,

en las rutas principales. La cantidad de estas instalaciones, dependerá de factores que pueden ser evaluados según la cantidad de vehículos que transitan, longitud de la vía, etc. Tales áreas de descanso serían, ubicadas en las rutas troncales y de mayor uso por el transporte pesado del país. Se estima necesitar unos fondos aproximados de 1.000.000.00 de dólares (un millón de dólares americanos exactos), para construcción y desarrollo de cada área de descanso.

MOTIVACION

La motivación principal de nuestro equipo de trabajo es observar con preocupación el deterioro fisico y anímico que sufren y deben soportar los conductores de carga pesada, , lo que conllevaría a un problema serio de colapso de logística de transporte y suministros, ya que el 75% de los suministros para la vida diaria de muchos países, se transportan por camiones y cargas pesadas. Ellos, los transportistas, no cuentan con áreas de descanso apropiadas ni de abastecimiento y servicios dignaos y acordes a su esfuerzo y dedicación. De hecho, no existe ninguna instalación como la que hemos ideado y propuesto.

Estas reflexiones retratan nuestro propósito y propuesta.

Se podrían beneficiar todas las empresas de logística y transporte afiliados al sistema de prestación de servicios, tanto livianos como de carga pesada, además de los conductores y ayudantes de los camiones o vehículos que operan tales rutas. De igual manera, se podrían beneficiar otros conductores de vehículos domésticos y/o no afiliados, al pagar una tarifa mas módica por estos servicios. Cabe destacar que las empresas de transporte gozaran de varios beneficios incluidos en su afiliación.
Estaríamos elevando el nivel de vida y trabajo de los conductores de carga pesada, al brindarles descanso, abastecimiento y servicios para ellos y las unidades que operan.

CAPITULO XII
RESTAURANT TEMATICO CON FOOD TRUCK SIRVIENDO A ZONAS RURALES

PROBLEMÁTICA QUE CUBRE

Asistencia alimentaria diaria para las poblaciones rurales, soportada por un restaurante temático, que entregaría gran cantidad de comidas sanas a las zonas rurales y de menores recursos

OBJETIVO GENERAL

Creación de una red de restaurantes temáticos, cada uno dotado de un food truck, para llevar comidas a las zonas rurales y a aquellas más necesitadas. Estos restaurantes serán construidos en las ciudades con más de 50.000 habitantes, para garantizar la venta de sus productos y servicios a un segmento de la población que pueda pagar por ellos La utilidad generada de esta operación, se distribuirá una parte para cubrir costos de operación e imprevistos, y la otra parte se usara para la preparación de alimentos para ser enviados a las zonas rurales. Los usuarios de este servicio de food truck, pagaran lo que su consciencia les diga y si no tienen para pagar, no se les negara el beneficio... Estimamos que el desarrollo estará capacitado para entregar 1000 comidas diarias por food truck.

Se podrá establece un restaurante temático con un food truck por cada ciudad con población mayor a 50.000 habitantes. Se estima necesitar unos fondos aproximados de **250.000,00** dólares (doscientos cincuenta mil dólares americanos exactos), para construcción y dotación de cada restaurant, incluyendo el food truck.

<u>**MOTIVACION**</u>

Una de las motivaciones más grandes radica en que somos seres humanos con sensibilidad social, nos duele profundamente el estado de precariedad y de abandono en los cuales se encuentra la mayoría de la población mundial, sobre todo en donde prevalece aquella población de zonas rurales y alejadas de otros centros poblados, amén de la ausencia o poca disponibilidad de alimentos sanos y nutritivos para su consumo. Y las poblaciones rurales tienen un gran porcentaje de niños e infantes en estado de desnutrición y con riesgos para sus vidas.. El restaurant temático tendrá precios ajustados a un mercado sostenible y que genere ingresos suficientes para cubrir sus operaciones, y el excedente será usado para llevar alimentación sana y bien preparada con el propósito de ser repartida en las zonas rurales a costos muy bajos o inexistentes. Al mediodía, se entregaran unas mil comidas por food truck y en las tardes, se venderán snacks que puedan ser pagados con lo que el usuario pueda disponer. Si no tiene para hacerlo, no se le negara el servicio.

Es importante, necesario y justo, producir alimentos de calidad nutritiva, para entregar a los más necesitados, en los lugares donde viven, con parámetros de salubridad y calidad en los alimentos entregados y a costos que cualquiera puede pagar, incluso si no puede hacerlo.

www.ingramcontent.com/pod-product-compliance
Lightning Source LLC
Chambersburg PA
CBHW051133250726
48655CB00007B/3035